JOHANN RUDOLF WETTSTEIN
1594 - 1666

Seine Bedeutung für Riehen, Basel und die Schweiz

D1723346

Herausgegeben von der Gemeinde Riehen
zum 400. Geburtstag von Johann Rudolf Wettstein
am 27. Oktober 1994

Texte:
Markus Kutter
Albin Kaspar
Lukrezia Seiler
Michael Raith

Gestaltung:
Florian Besset Design, Basel

Druck:
Schudeldruck, Riehen

© 1994 Gemeinde Riehen

Umschlagbild:
Bürgermeister Johann Rudolf Wettstein
Werk eines unbekannten Künstlers

ISBN 3 85895 943 X

INHALTSVERZEICHNIS

1594	*27. Oktober*	*geboren in Basel als Sohn des Joh. Jakob, Kellermeister, und der Magdalena Betzler*
1600 - 1608		Besuch der Münsterschule in Basel
1608 - 1610		Kanzlist in Yverdon und Genf
1610		Eintritt in die Rebleutenzunft
1611		Heirat mit Anna Falkner (1589 - 1647)
1611		Einrichtung einer Notariats- und Schreibstube
1615		Sechser zu Rebleuten (Vorstandsmitglied) und Grossrat
1616		Kriegsdienst in Bergamo und Venedig
1618		Ausbruch des 30jährigen Krieges
1619		Beisitzer am Stadtgericht
1620		Ratsherr der Rebleutenzunft und Mitglied des Kleines Rates
1622		Münzverwalter – Pfleger der Klosterverwaltung Gnadenthal – Hauptmann im Aeschenquartier
1624		Obervogt auf Farnsburg
1626 - 1634		*Obervogt von Riehen*
1627		Dreizehnerherr
1628		Pfleger der Steinenklosterverwaltung
1630		Erstmals Vertreter Basels an der Eidgenössischen Tagsatzung
1630 - 1634		Ausbau des Landvogteihauses in Riehen
1631		Deputat (Verwalter des Kirchengutes)
1631 - 1634		Neutralitätskrise (Kollaturstreit, Kluser- und Kesselringhandel)
1634		Dreierherr (leitende Finanzbehörde) – Salzherr
1635	*20. Juni*	*Oberstzunftmeister – Pfleger der Klosterverwaltung Klingenthal*
1640 - 1652		Errichtung eines Landgutes in Riehen
1645	*21. Juni*	*Bürgermeister*
1646 - 1647		Gesandter am westfälischen Friedenskongress
1647		Defensionale von Wil (Eidgenössische Wehrordnung)
1648	*24. Oktober*	*Unterzeichnung des Westfälischen Friedensvertrags*
1650 - 1651		Gesandter an den Hof des Kaisers Ferdinand III. in Wien
1653		Bauernkrieg
1656		1. Villmergerkrieg
1659		Pfleger der Spitalverwaltung
1662		Kauf des Meigelschen Landgutes in Riehen
1663		Neuer Allianzvertrag mit dem französischen König
1664		Zum letzten Mal an einer eidgenössischen Tagsatzung
1666	*12. April*	*Tod*

Es gilt heute in historischen Fachkreisen als unseriös oder gar anrüchig, Geschichte anhand des Wirkens von Einzelpersonen zu vermitteln. Ich meine, dass Geschichtsschreibung durch den Bezug zu Menschen aus Fleisch und Blut, welche in einer bestimmten geschichtlichen Situation eine besondere Leistung erbracht haben und deren Wirken durch Bild- und Textzeugnisse, Gebrauchsgegenstände und Wohnhäuser dokumentiert wird, erst wirklich verstanden werden kann. Gewiss sind Statistiken über meteorologische Kennzahlen und ihre Auswirkungen auf die Ernteerträge, Daten über den Verlauf der Pestepidemien und deren Auswirkungen auf die Bevölkerungsentwicklung, über die Bedingungen des lokalen und regionalen Handels mit Waren, über die Mannschaftsstärke und die Ausrüstung der Truppen in der ersten Hälfte des 17. Jahrhunderts alles unabdingbare Voraussetzungen, um uns Menschen des ausgehenden 20. Jahrhunderts das Verhalten von Einzelpersonen in ihrem Umfeld verständlicher zu machen.

Es gilt aber als elementare Regel zeitgemässer Didaktik, einen Lernstoff exemplarisch zu vermitteln; deshalb sollte meines Erachtens die Beschäftigung mit Geschichte über die Daten, Zahlen und Fakten hinaus durch das Beispiel besonderer Gestalten lebensnaher umrissen werden, ohne dass dadurch ein Personenkult entstehen muss.

Das Leben und Wirken Johann Rudolf Wettsteins mit all seinen Facetten – persönlicher Werdegang, Suche nach wirtschaftlichem Erfolg und nach Anerkennung in einer geschlossenen ständischen Gesellschaft, Dienstauffassung gegenüber der Stadt und gegenüber der Eidgenossenschaft, der grosse Kontrast zwischen der Unerbittlichkeit im Umgang mit den "Untertanen" im Bauernkrieg und dem grossen Einsatz für den Ausgleich zwischen den Konfessionen – bietet uns dazu reiche Gelegenheit.

Wenn der Riehener Gemeinderat den 400. Geburtstag des "Obervogts" nicht kommentarlos vorübergehen lassen wollte, so hat er dies keineswegs im Sinne einer Verbeugung vor der städtischen Obrigkeit, welche der Gemeinde im Jahre 1626 diesen Mann "vor die Nase gesetzt" hatte, getan. Vielmehr bietet sich hier Gelegenheit, einmal die Vielfalt der Probleme, welchen sich unsere Gemeinde, unsere Nachbarn im Markgräflerland, in den habsburgischen Stammlanden am Hochrhein und im Elsass bereits im 17. Jahrhundert zu stellen hatten, aufzuzeigen. In der Person Wettsteins wird aber auch deutlich, welche Bedeutung verantwortungsbewusstes, überlegtes und entschlossenes Handeln selbst in schwierigsten Situationen für eine erfolgreiche Politik hat. Anders als zu Zeiten Johann Rudolf Wettsteins gilt dies heute in einer Referendumsdemokratie, die wir mit Stolz pflegen, nicht allein für aktive Politikerinnen und Politiker in Legislative oder Exekutive, sondern ausnahmslos für alle, welche hier wohnen und wirken.

Der Autorin und den Autoren des vorliegenden Bändchens, nämlich Lukrezia Seiler, Albin Kaspar, Markus Kutter und Michael Raith, ist es gelungen, Leben und Wirken Johann Rudolf Wettsteins aufs schönste mit der Gegenwart unserer Gemeinde und unseres Dorfmuseums zu verknüpfen. Ihnen sei an dieser Stelle herzlich gedankt.

Die hier vorgelegte Übersicht über Leben und Wirken Johann Rudolf Wettsteins möge Ihnen allen echtes Lesevergnügen und Anregung sein.

Riehen, im September 1994   Maria Iselin-Löffler
                                Gemeinderätin für Kultur
                                und Freizeit

MARKUS KUTTER Ist eine Jahrhundertwende immer auch eine Zeitenwende? Also wäre der 1594 geborene Wettstein ziemlich genau ein Mann des 17. Jahrhunderts, im Kostüm und in seiner Baulust eine barocke Figur, ein energischer Vertreter der Herrschaftsformen des beginnenden Absolutismus, der sich gern den Namen eines Schweizerkönigs gefallen liess?

Wir können in ihm den Mann sehen, der die Strömungen seiner Zeit – vielleicht aus Ehrgeiz, vielleicht nur seinem Temperament entlang – deutlicher ausprägte, die dargebotenen Möglichkeiten gewissermassen ausschöpfte. Dann erscheint er als ein Produkt dieser Zeit, ein eindrückliches zwar und ein glänzendes.

Oder wir fragen uns, wozu er die sich mit Fleiss und Ausdauer erarbeitete Stellung als Landvogt, Mitglied der Dreizehner (des engeren Regierungskollegiums), Oberstzunftmeister, Tagsatzungsmitglied und Bürgermeister benützte, vor welchem Hintergrund und Horizont er seine amtlichen Funktionen ausübte. Da wird ein anderer Wettstein sichtbar. Einer, der über die bloss angebotenen Möglichkeiten hinauswuchs. Politik wird gern als die Kunst des Machbaren bezeichnet. Wenn diese Formulierung nur das Arrangierbare meint, das sich im gegebenen Augenblick zusammenführen lässt, hilft sie nicht weiter; wenn sie auch sagen will, dass das noch nicht Gemachte endlich gemacht werden sollte und kann, wird Wettstein zu einer Grösse, an der man sich noch heute orientieren darf.

Ordnung, Klarheit und Übersicht herzustellen, ist eine Grundlage politischen Wirkens. Sie war in einem Staat, der seine Organisation seit der bald 100 Jahre zurückliegenden Reformation noch nicht für grundsätzlich überholenswert hielt, so einfach gar nicht durchzusetzen. Denn diese Stadt mit weniger als 15'000 Einwohnern und vielleicht einem Viertel mehr Untertanen auf der Landschaft begann sich schon wieder reichlich familiär einzurichten. Hier wird ein Wettstein sichtbar, der die Netze der sich einnistenden Gemütlichkeit zerreisst, der Gesetze und Verordnungen ernst nimmt und sie persönlich durchsetzt. Das ist nicht nur absolutistisches Denken, der Staat als regelnde Instanz wird respektiert. Der Inhaber der Gewalt reflektiert darüber, in was sie besteht und wozu sie dient, aber dann soll sie auch ausgeübt werden.

Das Edikt von Nantes, das die schrecklichen Religionskriege in Frankreich zu einem vorläufigen Ende führte, stammt aus dem Jahr 1598, Wettstein war also erst vier Jahre alt. Aber er wurde in einer Zeit gross, da die Hoffnung bestand, Religionszwistigkeiten könnten politisch entschärft werden. Der Zustand der Eidgenossenschaft schien das zu beweisen, reformierte und katholische Stände fanden sich, wenn auch scharf getrennt, doch immer wieder in den alten Bündnisstrukturen. (Die Villmerger Kriege standen freilich noch bevor.) Vom Standort Basel aus sah man die französischen Verhältnisse deutlicher; der Ausbruch des Dreissigjährigen Krieges im Osten des Reiches mit dem unendlichen und grausamen Hader zwischen den Konfessionen musste einen Schweizer bestürzen. Für einen Wettstein, Landvogt im äussersten Zipfel der Eidgenossenschaft, nächster Nachbar zum Reichsgebiet und mit Blick auf das lothringische Frankreich, stellte sich die politische Aufgabe so, dass man sich mit allen Kräften gegen das Zusammenfallen militärischer, politischer und konfessioneller Konflikte zu stemmen hatte. Denn würden sie sich überlagern, wäre die Sache hoffnungslos. Das hiess natürlich auch, die Schweiz – koste es was es wolle – aus dem Dreissigjährigen Krieg herauszuhalten. Und bitte aus einem konfessionellen Konflikt keinen politischen oder gar militärischen machen! Hier war diplomatisches Geschick gefragt, es brauchte Beharrlichkeit und eine fast sture Unverdrossenheit.

Der Friede von Basel hatte 1499 den Schwabenkrieg der Eidgenossen oder den Schweizerkrieg der vorderösterreichischen Lande beendet. Faktisch hatte sich die Eidgenossenschaft aus dem Reichsverband gelöst. Aber formell bestanden immer noch Ansprüche der kaiserlichen Gerichte an einzelne Stände und deren Bürger. Die Handelsstadt Basel, deren Waren in Süddeutschland oder im Elsass gerichtlich beschlagnahmt werden konnten, reagierte da empfindlicher als andere eidgenössische Stände, deren Wirtschaft von grenzüberschreitenden Handelsgeschäften weniger abhängig war. Ob Wettsteins Ziel darin bestand, in erster Linie die Schweiz vom Reich auch formell unabhängig zu machen, oder ob er vor allem den Zugriff von Reichsgerichten auf Basler Güter verhindern wollte, ist eine müssige Frage – das eine diente dem andern.

Aber wiederum sehen wir einen Mann am Werk, der Politik als eine Kunst des Möglichen betrieb, wobei das Mögliche eben als das bisher noch nicht Gemachte und das für die Zukunft Entscheidende auftrat. In diesem Sinn dachte er über seine Zeit und über Zeitgenossen hinaus. Die fast unglaubliche Bedürftigkeit, unter der Wettstein an den westfälischen Friedensschlüssen teilnahm – vielleicht besser: sich in sie einmischte –, macht die Einsamkeit seines politischen Denkens deutlich. Und macht auch klar, warum er sich an den seit François Ier ältesten Verbündeten der Eidgenossenschaft, eben an Frankreich halten musste.

1998 werden wir in der Schweiz ein Tripel-Jubiläum zu feiern haben. 350 Jahre formelle Unabhängigkeit vom Reich, 200 Jahre Helvetische Republik, 150 Jahre Bundesstaat. Es sind unterirdisch verknüpfte Daten. Die Exemtion der Eidgenossenschaft vom Reich führte 1798 dazu, dass die Schweiz ohne Koalitionspartner dem republikanischen Frankreich gegenüberstand. Also konnte die Staatsumwälzung in der Schweiz stattfinden, in Süddeutschland, wo immer kaiserliche Truppen zwischen den badischen und württembergischen standen, gerade nicht. 1848 konnte auf den Trümmern der helvetischen, mediatisierten, restaurierten und schliesslich (kantonal) regenerierten Schweiz der neue Bundesstaat errichtet werden, während die republikanischen Pläne in Süddeutschland erneut und jämmerlich Schiffbruch erlitten. Deutschland reifte sozusagen Bismarck entgegen, die Schweiz laborierte an der Verwirklichung der Volksrechte mittels Referendum und Initiative. Die Handhabung dieser Volksrechte unterscheidet uns politisch ganz fundamental von unseren deutschen und französischen Nachbarn. Wettsteins Beitrag zu dieser Entwicklung war so sicher nicht gewollt, ist aber erheblich. Was würde er heute raten? Von welchem Hintergrund aus würde er handeln, welchen Horizont ins Auge fassen?

Albin Kaspar

Mitten im Dorf Riehen, schräg gegenüber der Kirche an der Strasse nach Basel gelegen, ragt ein stattlicher Bau weit gegen die Strasse und gegen den Dorfplatz vor, dessen südlichen Abschluss er bildet. Das Gebäude, das heute das Spielzeugmuseum und das Dorf- und Rebbaumuseum beherbergt, trägt den Namen von Johann Rudolf Wettstein, dem grossen Bürgermeister von Basel, dessen Geburtstag sich am 27. Oktober 1994 zum 400sten Mal jährt. Mit dem renovierten und in seinem ursprünglichen Zustand bewahrten Wettsteinhaus besitzt Riehen ein würdiges Denkmal dieser berühmten und einzigartigen Persönlichkeit, der sowohl die Stadt Basel und die Eidgenossenschaft, als auch unsere Gemeinde viel zu verdanken haben. Wettstein sorgte nicht nur als Landvogt von 1626 bis 1635 für die Sicherheit und das Wohlergehen der Bevölkerung, er hinterliess auch später als Bürgermeister von Basel und nicht zuletzt als Besitzer eines Landgutes bleibende Spuren in unserem Dorf.

Wettsteinhaus vom Kirchplatz her gesehen

In Europa herrschte Krieg. Was 1618 als Streit religiöser Parteien im Reich begonnen hatte, artete rasch zu einem blutigen Ringen der europäischen Grossmächte aus, das als Dreissigjähriger Krieg in die Geschichte einging. Wie ein verheerender Flächenbrand verwüstete er weite Teile Deutschlands und drohte mehrmals auch die Schweiz zu erfassen. Basel als Grenzort stand öfters dem kriegerischen Treiben unmittelbar gegenüber. Ungeschützt am Nordfuss des Juras gelegen, war die Stadt darauf angewiesen, strikte Neutralität zu bewahren und ihr Territorium so gut wie möglich zu verteidigen. Das galt in besonderem Masse für ihre rechtsrheinischen Gebiete Riehen und Bettingen, die wie eine Hand in die deutschen Lande hineinragten. Allerlei Leute hatten sich aus dem Markgrafenland auf den sicheren Schweizerboden geflüchtet. Umherschweifende Soldaten drohten, "das dorff Riechen in brand zu stecken". In dieser gefährlichen Lage ernannte der Rat von Basel eines seiner fähigsten Mitglieder, Johann Rudolf Wettstein, im Jahre 1626 zum Obervogt des exponierten Vorpostens. Wettstein hatte sich bereits

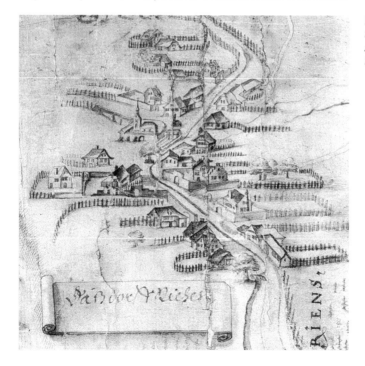

Das Dorf Riehen um 1620 Ausschnitt aus dem Plan des Hans Bock

Basler Münzen von 1623 aus einem Münzschatz, der während des Dreissigjährigen Krieges in der Kirchenburg Riehen versteckt und 1909 beim Abbruch der Speicher hinter der Kirche wieder entdeckt worden war.
Historisches Museum Basel

auf der Farnsburg als militärischer Organisator und tatkräftiger Landvogt bewährt. Nun sollte er auch hier für Sicherheit und Ordnung sorgen.

Gleich bei seinem Amtsantritt im Sommer 1626 spürte man seine starke und sichere Hand. Er straffte und reorganisierte die Verwaltung: Das Bettinger Amt wurde aufgehoben und mit Riehen vereinigt, das Wettinger Amt miteinbezogen und die Abrechnungen vereinheitlicht. Gleichzeitig organisierte er die Verteidigung. Nach dem von ihm und von Hans Heinrich Oberriet entworfenen Defensionsplan hatten sich die Dörfer auf der Landschaft in erster Linie durch eine eigene Dorfwache zu schützen. Jedes Jahr im Juni stellte er in der Folge gemeinsam mit den Hauptleuten aus der Stadt die Wache von Riehen zusammen. Sie konnte bei Bedarf jederzeit durch Truppen aus der Stadt verstärkt werden. Bei akuter Gefahr liess der Rat zusätzlich die gesamte Dorfmiliz aufbieten.

Mit der Okkupation der Markgräfler Lande durch kaiserliche Truppen verschärfte sich die Lage. Es kam immer wieder zu Grenzverletzungen und zu einzelnen Scharmützeln. Im April 1631 fand ein Zusammenstoss zwischen einer berittenen Gruppe und der Wache in Riehen statt. Die Weiler hatten nämlich ihr Vieh auf den neutralen Boden von Riehen geflüchtet, das die Feinde zurückholen wollten. Die Wache setzte sich zur Wehr, und die Reiter mussten mit Verlusten wieder abziehen.

Im Mai 1632 führte der Landvogt mit den Militärkommandanten von Basel eine Musterung aller waffenfähigen Männer durch und erstellte eine neue Wachorganisation. Die Riehener Truppe umfasste damals 188 Personen (107 Musketiere, 31 Leute mit Rüstungen, 24 Spiessträger, 15 Halbartenträger, 5 mit Schlachtschwerter, 2 Fähnriche, 3 Trommler und 1 Pfeiffer). Doch gegenüber den fremden Reitertruppen zeigten sich die bäuerlichen Milizsoldaten schlecht bewaffnet und ungenügend ausgebildet. Zudem erwiesen sie sich bei längerem Dienst als äusserst unzuverlässig. Obristwachtmeister Grasser beklagte sich einmal in einem Brief an Wettstein, dass er bei einem Kontrollgang in Riehen über eine

13

Stunde im ganzen Dorf herumgeritten sei, ohne eine einzige Wache anzutreffen. Schliesslich habe er bei der Einkehr im Wirtshaus etliche samt dem Untervogt dort aufgefunden. Dabei spitzte sich die Lage dramatisch zu, und wiederholt mussten zusätzliche Truppen nach Riehen verlegt werden.

Wettstein wusste um das Ungenügen der eigenen Dorfwache. Im März des folgenden Jahres liess er daher eine besoldete Wache von zwölf Berufssoldaten mit einem Kommandanten nach Riehen legen. Die Kosten wurden als sogenanntes Soldatengeld auf die Dorfbewohner verteilt. Ausserdem setzte er durch, dass auch jene Basler Bürger, die ein Landgut in Riehen besassen, monatlich einen Reichstaler beizusteuern hatten.

Dennoch kam es in der Folge immer wieder zu Grenzverletzungen. Im Jahr 1634 zog eine Abteilung Schweden über Chrischona nach Grenzach, raubte das Vieh des Chrischonapächters, plünderte die Kirche und riss das Blei aus den Fenstern. Kurze Zeit später wurde Hans Schlup aus Riehen auf der Bettingerstrasse niedergeschossen, und eine kaiserliche Reiterschar überfiel vor dem Riehentor eine Weinfuhr. Fünf Stadtreiter in Begleitung einiger Riehener Landleute jagten ihnen nach und stellten sie vor dem Grenzacher Horn. Dabei kam es zu einem Handgemenge. Die Basler wurden überwältigt und gefangen nach Rheinfelden weggeführt. Das gab dem Obristwachtmeister Grasser Gelegenheit zu einem kühnen Handstreich auf Rheinfelden und zur Befreiung der Gefangenen. Danach entfernte sich das Kriegsgeschehen allmählich wieder, und Riehen war in der Folge nicht mehr ernsthaft bedroht.

Dem Landvogt von Riehen stand, im Gegensatz zu seinen Amtskollegen, weder ein Amtshaus noch ein Schloss oder eine Burg zur Verfügung. Der Meierhof gehörte der Domstiftsverwaltung auf Burg und war an Bauern verpachtet. Es blieben allein die Zehntentrotte und die Zehntenscheune, die jedoch der Lagerung der Zins- und Zehntabgaben dienten. Der Obervogt von Riehen behielt daher seinen Wohnsitz in der Stadt und ritt nur zu den notwendigen Geschäften ins nahe Dorf hinaus. Verhandlungen, Verhöre und Abrechnungen fanden in der Regel im Ochsen, dem einzigen Gasthaus des Dorfes, statt. Entsprechend hoch fielen die Spesenrechnungen aus.

Dieser unbefriedigende Zustand begann sich im 17. Jahrhundert zu ändern. Bereits um 1603 wurden eine Wohnstube sowie Kammern im südlichen Teil der sogenannten "Trotte",

Die Landvogtei um 1935 der späteren Landvogtei, eingerichtet. Wettstein, der infolge der Zeitumstände oft und für längere Zeit in Riehen anwesend sein musste, trieb diese Bauten energisch voran. Bereits bei seinem Amtsantritt liess er das Haus gründlich renovieren und das Dach neu eindecken. Dann besorgte er sich einen "Bettladen sampt dem Karrenbett undt Fusströglin" für das Schlafgemach sowie ein "gefürnissten Büffetlein" für die Stube. Nun konnte er wenigstens im Hause übernachten und Gäste bewirten.

Schwieriger war es, den Rat für einen grösseren Umbau des Gebäudes zu gewinnen. Am 20. Juli 1630 begab sich endlich eine Kommission, bestehend aus den beiden Bürgermeistern, dem Werkmeister und zahlreichen weiteren Amts- und Fachleuten, im ganzen 20 Personen, nach Riehen, um den Bau in Augenschein zu nehmen. Die Herren wurden dabei

von Wettstein "in der ober- undt undern Stuben" des künfti-
gen Landvogteihauses verwöhnt, während sich Diener und
Handwerker im Ochsen verköstigten. Bald darauf kamen die
Arbeiten in Gang. Der Maurer errichtete zwei neue Kammern im Dachstock, stellte die Gesimse her und baute einen
Turm oder Privat, unter welchem der Abortanbau an der Nord-
seite zu verstehen ist. Gleichzeitig wurden auch die Fenster
grossenteils erneuert. Im folgenden Sommer arbeitete Georg
Martin Wannenwetsch, der Sohn des bekannten Malers Jerg
Wannenwetsch, im Haus. Zugleich wurde die daneben-
liegende Zehntenscheune erhöht und neu eingedeckt. In den
folgenden Jahren wurde ferner die Umfassungsmauer erhöht,
eine Brunnleitung mit einem neuen Brunnen gebaut und an
der Rückseite ein Anbau errichtet. Das Landvogteihaus nahm
nun allmählich Gestalt an.

Riehen war nicht nur von strategischer, sondern auch von
grosser wirtschaftlicher Bedeutung. Seine ausgedehnten und
fruchtbaren Gefilde brachten jährlich reichen Ertrag an Ge-
treide, Wein und Obst. Ein guter Teil davon floss als Abgaben
und Zinse nach Basel in die Kornkammern und Weinkeller
der Klosterverwaltungen. Auch die Stadt selbst besass um-
fangreiche Grund- und Besitzrechte, die sogenannten
Wettinger Gefälle. Sie umfassten verschiedene Bodenzinse
und vor allem den Zehnten. Die Untertanen hatten den zehnten Teil des Feldertrags an Heu, Korn und Wein als eine Art
Kirchensteuer abzuliefern. Es gehörte zu den Aufgaben des
Landvogtes, den Einzug dieser Abgaben zu bewerkstelligen.
Doch das erwies sich in diesen gefährlichen Kriegszeiten als
äusserst schwierig. Die Bauern lieferten oft kaum noch die
Hälfte der geschuldeten Zinsen. Wettstein vermochte nur mit
grosser Mühe Ordnung in die verworrene Verwaltung zu bringen. Noch 1632 klagte er beim Rat, dass ihm, obwohl bereits
sechs Jahre im Amt, noch kein "justificiert corpus" ein-
gehändigt worden sei. Er beschloss daher, die zinspflichti-
gen Güter von neuem festlegen und in einem Berainbuch
genau beschreiben zu lassen. Künftig liess er sich von den
Schuldnern nichts mehr abdingen. Noch Jahre und Jahrzehnte
später sehen wir ihn mit seinen Bauern über alle Rückstände
peinlich genau abrechnen.

"Nota. Diss so genante Niewe Berien ist diejenige Neue Beladung, so Ao. 1632 gemacht und da die Posten oder Item aus denen Trägereyen ins besondere beladen worden. Die Correctur aber ist diejenige Bereins-Beschreibung, so H. Burgermeister Wetstein, als es in seine Hand gekommen Ao. 1658 und 1659 vornemmen lassen.

Auss diesem sind die zwey papierenen Berein deren das Eine ältere auf seiner Pergamentinen weissen Decke hat: Rieheimer Berein lit. A. Das Andere neüere lit. B. entstanden, so eben auch obgemeldten Jahren zu zuschreiben."

Als Landvogt hatte Wettstein ferner jedes Jahr ein anderes grosses Geschäft, die Versteigerung des Kornzehnten, durchzuführen. Vor der Ernte schätzte er zuerst unter Beizug von unparteiischen Fachleuten den ungefähren Ernteertrag ab. Danach wurde der Einzug des Zehnten vor versammelter Gemeinde zur Verpachtung angeboten. Wer von den Bauern Lust hatte, konnte mitbieten und die Menge angeben, die er abzuliefern bereit war. In Zeiten akuter Kriegsgefahr überwog allerdings oft die Angst, und die Angebote lagen unter dem tatsächlichen Wert der Ernte. Doch Wettstein setzte auch hier strengere Massstäbe. Auf Grund einer selbsterstellten Zehntenstatistik überzeugte er den Rat, in solchen Fällen die Bauern zu übergehen und den Zehnten auf eigene Kosten einzuziehen. Nach Ablieferung des Getreides wies er stolz darauf hin, wie gut der Staat dabei gefahren sei.

Ausser dem Zehnten und den Bodenzinsen schuldeten die Untertanen der Obrigkeit noch weitere Abgaben, unter anderem die Vogtsteuer, das Fleisch- und Weinumgeld (Umsatzsteuer), und das Salzgeld. Um nun die enormen kriegsbedingten Auslagen zu decken, begann die Regierung, diese Beträge zu erhöhen und neue zusätzliche Steuern zu erheben. Bereits 1625 hatte sie die "Stammlöse" eingeführt, eine Gebühr für jeden im Staatswald gefällten Baum. Drei Jahre später beschloss sie, bei Hochzeiten eine Luxussteuer zu erheben. Künftig waren maximal vier Tische zu je zwölf Personen erlaubt. Jeder Übertisch schuldete 2 Gulden Busse. Das widersprach jedoch dem Standesstolz der wohlhabenden Landsleute, die bei solchen Gelegenheiten ihre Opulenz zeigen wollten. Mancher Riehener entrichtete in der Folge nur zähneknirschend diesen Obolus.

Ausserdem wurde eine direkte und ausserordentliche Kriegssteuer, das sogenannte Soldatengeld, eingeführt. Mit zunehmender Kriegsdauer erzeugte aber gerade diese Steuer bei den Untertanen grossen Hass und Widerwillen. Doch Wettstein beharrte auch später als Bürgermeister stets auf vollständige Bezahlung der Abgabe. Nach seiner Auffassung sollten die Landsleute ebenfalls ihren Beitrag an die zusätzlichen Staatskosten leisten.

Die umstrittenste Einrichtung war allerdings das Salzregal, ein alter Grundpfeiler der Staatswirtschaft. Das Salz durfte ausschliesslich vom obrigkeitlichen Salzkasten bezogen und zu vorgeschriebenen Preisen in den Dörfern verkauft werden. Dieser staatliche Monopolhandel wurde zu einer einträglichen Finanzquelle ausgebaut und galt daher mit Recht bei der Bevölkerung als indirekte Besteuerung. An diesem Umstand trug Wettstein eine besondere Verantwortung. In seiner Eigenschaft als Salzherr und danach als Verordneter des Salzamtes hatte er dieses Amt zu einem florierenden Export-

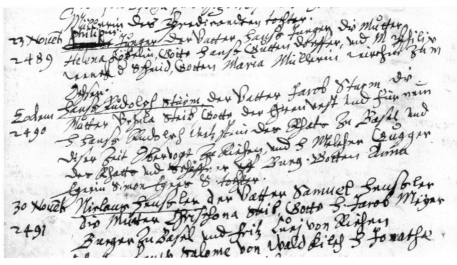

Als Landvogt wurde Johann Rudolf Wettstein wiederholt von Riehener Familien als "Götti" zu Kindertaufen gebeten. Im Bild der Eintrag Nr. 2490 aus dem Riehener Taufbuch von 1628.

"Eodem [23 Novemb. 1628] Hanss Ruodolph Stürm, der 2490 Vatter Jacob Sturm die Muotter Ursula Steib, Götte der Ehrenvest und Fürnemm H. Hanss Rudolph Wetstein des Rhats zu Basel und diser Zeit Obervogt ze Riehen und H. Melcher Gugger des Rhatts und Schaffner uff Burg, Gotten Anna Egerin Simon Egers s. Tochter" betrieb entwickelt. Um den Absatz zu steigern, liess er ausserdem den Salzverkauf im eigenen Lande schärfer kontrollieren. Er setzte sich persönlich dafür ein, das Salzmonopol durchzusetzen und fehlbare Untertanen zu bestrafen. Auf seinen Vorschlag hin beschloss der Rat im Herbst 1640, den Bewohnern der Landschaft künftig einen Salzeid abzuverlangen. Das materielle Resultat gab Wettstein recht, indem sich die Menge des verkauften Salzes ungefähr verdreifachte. Die fiskalische Mentalität stiess aber auf zunehmenden Widerstand der Bauern. Ein langwieriger Streit entstand, der letztlich 1653 zum Aufstand der Baselbieter Bauern führte.

Riehen verhielt sich erstaunlich ruhig während des Bauernkrieges. Wohl gab es auch hier Unmut und Widerstand und zahlreiche Untertanen wurden zu Salzstrafen verurteilt. Doch von offenem Aufruhr wird nichts berichtet. Einer der Gründe dürfte in der räumlichen Distanz zu den Oberbaselbieter Unruhegebieten liegen. Auch mag die Nähe zur Stadt eine Rolle gespielt haben. Riehen befand sich seit jeher in einem engeren und vertrauteren Verhältnis zu Basel. Dort lag das natürliche Absatzgebiet seiner Produkte, und von dort kamen immer wieder Handwerker, Händler und wohlhabende Bürger, die sich im Dorf niederliessen oder hier ein Landgut bauten.

Zu ihnen zählte auch Wettstein. Nachdem er 1635 zum Oberstzunftmeister erwählt worden war, musste er die Riehener Vogtei abtreten. Doch war ihm offenbar das Dorf mit seinen milden und fruchtbaren Fluren ans Herz gewachsen. Er kaufte sich deshalb, entsprechend der Sitte vermögender Basler Geschlechter, in Riehen ein Bauernhaus mit stattlichem Umschwung und liess es zu einem standesgemässen Landsitz ausbauen. Dort verbrachte er mit seinen Angehörigen die warmen Sommertage, um sich von der Politik und vom Stadtleben zu erholen. Der geräumige Keller diente ihm als Stützpunkt für seinen Weinhandel, den er nebenbei noch betrieb. Zusätzlich erwarb er sich im Laufe der Zeit verschiedene Rebgüter, aber auch Wiesland, Bünten, Fischweiher und sogar Schäfereirechte. Bis zu seinem Tode kamen allein in Riehen 26 Grundstücke in seinen Besitz. Und er scheute sich auch nicht, zu bestimmten Zeiten als Straussenwirt seinen eigenen Wein auszuschenken. Von seinem Landgut aus verwaltete er ferner die Einkünfte aus den Wettinger Gefällen, die ihm der Basler Rat 1661 als Dank für seine Dienste verkauft hatte. Ein Jahr später erwarb er die Nachbarliegenschaft, die er ebenfalls umbauen und für Repräsentationszwecke herrichten liess. Die beiden Gebäude blieben im Besitz seiner Nachkommen bis in unsere Gegenwart. Dann kamen sie in die Hände der Gemeinde Riehen, die sie liebevoll restaurierte und ihnen zur bleibenden Erinnerung den Namen ihres berühmten Erbauers gab.

WETTSTEIN ALS BÜRGERMEISTER VON BASEL

Wer die Leistungen Wettsteins begreifen und würdigen will, muss sich das Regierungssystem Basels zu jener Zeit vergegenwärtigen. Die Stadtrepublik Basel befand sich im 17. Jahrhundert in umfassender politischer und wirtschaftlicher Wandlung. Der absolutistischen Tendenz des Zeitalters folgend hatte sich auch hier die Staatsgewalt in der Hand weniger zusammengeballt und unter dem Druck der langen Kriegsjahre zu einem exklusiven und autoritären Herrschaftssystem geführt. Der Grosse Rat als Versammlung aller gewählten Zunftvorstände verlor seinen Einfluss auf die Regierung. Die Kontrolle über den Staat fiel an den Kleinen Rat, der sich aus den Zunftmeistern und den von jeder Zunft gewählten Ratsherren zusammensetzte. Dieser Rat erledigte den Grossteil der Regierungsarbeit und amtete zugleich als oberstes Gericht. Die eigentliche Regierungsgewalt konzentrierte sich aber auf den Geheimen Rat der Dreizehnerherren, in welchem die beiden Bürgermeister und Oberstzunftmeister sowie neun weitere Ratsherren sassen. Dieser Exekutivausschuss entschied letztlich die Mehrzahl der Staatsgeschäfte. Aus seinem exklusiven Kreis wurden auch die neuen Standeshäupter und meistens auch die Gesandten erwählt.

Die antidemokratische Entwicklung zeigte sich ferner in der sozialen Stellung jener Bürger, die Zutritt zu den obersten Behörden fanden. Der Aufschwung von Grosshandel und Grosskapital hatten dem merkantilen Geist in der Stadt zum

Durchbruch verholfen. Die Handwerkerzünfte verloren zusehends ihre politische Geltung. Die Mitglieder der Herrenzünfte, Finanzleute, Fabrikanten, Gelehrte und Offiziere rissen die Führung an sich. Das Prinzip der Ehrenamtlichkeit verstärkte diese Tendenz. Wer eine politische Karriere anstrebte, musste über ein genügend grosses Einkommen verfügen, oder sich einen der wenigen einträglichen Posten sichern. Besitz und Geschäft gaben den Ausschlag und führten zur Herrschaft weniger reicher Bürgergeschlechter.

Ein Mann wie der junge Johann Rudolf Wettstein, ohne Vermögen und ohne Beziehungen, hatte in einem solchen System kaum eine Chance zum Aufstieg. Nur die aussergewöhnliche Situation des Dreissigjährigen Krieges, aber auch seine unermüdliche Arbeitskraft und sein unbestreitbares Talent haben ihm den Weg zu den höchsten Ämtern und zu historischem Ruhm ermöglicht.

Die Eltern waren 1579 aus dem zürcherischen Russikon nach Basel gezogen. Hier übte der Vater das Amt eines Kellermeisters aus und wurde später Spitalmeister. Der jüngste Sohn Johann Rudolf besuchte das Gymnasium. Dann absolvierte er eine Kanzlistenlehre in den Stadtschreibereien von Yverdon und Genf. Kaum zurück, heiratete er die fünf Jahre ältere Anna Maria Falkner, eine Tochter aus vornehmem Haus. Als sowohl die Ehe als auch sein Notariatsgeschäft unglücklich verliefen, flüchtete der junge Mann und trat in venetianische Dienste. Ein Jahr später kehrte er als Hauptmann reumütig zurück, entschlossen, hier in Basel sein Glück zu versuchen.

Wappen des Bürgermeisters Johann Rudolf Wettstein

Als Nachfolger seines verstorbenen Vaters wurde er in den Vorstand der Rebleutenzunft und damit zum Grossrat gewählt. Bald trat seine politische und administrative Begabung zutage. Mit der Wahl zum Kleinen Rat 1620 begann seine erstaunliche Karriere. Innert 25 Jahren durchlief er die ganze Basler Ämterlaufbahn, bis er 1645 das Bürgermeisteramt erreichte. In dieser Zeit hatte er sich praktisch mit allen Fragen und Problemen der staatlichen Verwaltung auseinanderzusetzen, die während der langen Kriegszeit Basel bedrängten und bedrohten.

Als Pfleger verschiedener Klosterverwaltungen und als Landvogt erhielt Wettstein schon früh Einblick in den einheimischen Feldbau und in die landwirtschaftlichen Marktmechanismen. Als Salzverwalter hatte er gleichzeitig für die Einfuhr und Verteilung des Salzes zu sorgen. Dann übernahm er als Münzverwalter die Administration des Münzregals. Ferner organisierte er als städtischer Hauptmann, Truppeninspektor und Mitglied des Kriegskommissariates den Schutz der Grenzen.

Im Jahre 1624 vertraute ihm die Obrigkeit die grösste Landvogtei, die Farnsburg, an und zwei Jahre später die Vogtei Riehen. Auf Grund seiner Leistungen und Erfolge wurde er schliesslich 1627 als Dreizehnerherr in die oberste Regierungsbehörde berufen. Kurze Zeit später nahm er als Dreierherr oder Seckelmeister auch Einsitz in die oberste Finanzbehörde der Stadt. Dieses Amt behielt er bis zu seinem Lebensende, immer mehr als die entscheidende und überragende finanzpolitische Autorität. Mit seiner Wahl zum Oberstzunftmeister 1635 übernahm er ferner die Verantwortung über weite Gebiete des städtischen Ernährungs- und Versorgungswesens. Die Krönung seiner Laufbahn bildete schliesslich 1645 seine Wahl zum Bürgermeister. Es war ihm vergönnt, die hohe Würde bis zu seinem Tode 1666 zu bekleiden.

Basel befand sich damals in einer gefährlichen Krisenlage wie kaum jemals zuvor oder danach. Der Sturm des Dreissigjährigen Krieges erforderte überdurchschnittliche Tatkraft, Leistungs- und Improvisationsfähigkeit. Wettstein hat sich dieser Aufgabe gestellt als ein Mann, der "sich seiner Dienste wollte gebrauchen lassen". In der Kleinarbeit der Verwaltungs- und Finanzpolitik hatte er sich bewährt und sich Achtung und Anerkennung verschafft. Gleichzeitig erwarb er sich eine erstaunliche Sachkenntnis auf allen Gebieten der Staatswirtschaft, die ihn zur massgebenden starken Persönlichkeit innerhalb der Regierung werden liess.

In seiner Amtsführung erwies sich Wettstein als harter Verfechter eines autoritären Herrschaftssystems. Der Druck des langdauernden Krieges, der der Regierung zusätzliche Aufgaben und Vollmachten zuwies, verstärkte diese Tendenz. Vor allem die Wirtschaftspolitik begann sich zu entfalten, einerseits mit dem Zweck, für die vergrösserten Lasten neue Einnahmequellen zu schaffen, anderseits mit dem sozialpolitischen Ziel, die schwächeren Volksschichten "in väterlicher vorsorg" durchzuhalten.

Zum rechtlichen Fundament für die gesteigerte Machtfülle wurde im Sinn der Zeit die Doktrin vom Gottesgnadentum der Regierungen. Staatsabsolutismus und Staatskirchentum stützten einander. Die Geistlichkeit diente dem öffentlichen Wesen als Stütze oder geradewegs als Organ, besonders auf der Landschaft. Vor allem Wettstein vertrat die neuzeitliche Staatsidee mit aller Härte und Konsequenz. Er wollte die Staatsgewalt zu höherer zeitgebotener Leistung emporheben und war daher ein grundsätzlicher Feind der Revolution wie des konservativen Freiheitsprinzips der Bauern. Das zeigte sich mit aller Schärfe beim Bauernkrieg von 1653, dem wohl heftigsten Aufruhr der Untertanen in der Schweiz. Er begann im Entlebuch, verbreitete sich schnell über das ganze Mittelland und erfasste auch das Baselbiet. Der lange Krieg hatte der verschont gebliebenen Schweiz wie immer bei europäischen Kriegen Wohlstand gebracht. Der Abschluss des Friedens führte umgekehrt zu einer Absatzkrise und zu einer schweren Wirtschaftsdepression. Die Preise fielen, die Bauern konnten ihre Schulden und Abgaben nicht mehr bezahlen und gerieten in grösste Bedrängnis. Sie klagten über die Steuern und Abgaben, die während des Krieges auferlegt worden waren, vor allem gegen das Soldatengeld, gegen die Hochzeitssteuer und gegen das Salzgeld. Sie opponierten aber nicht nur gegen die Höhe der Abgaben, sondern auch gegen das Salzmonopol und die zunehmende Reglementiererei des Staates, insbesondere gegen den verhassten Salzeid. Freier Salzhandel und Wiederherstellung ihrer alten Rechte und Gewohnheiten hiess ihre Losung. Der Bauernaufstand von 1653 war in dieser Hinsicht eine grundlegende Auseinandersetzung zwischen absolutistischer Staatsmacht und dem Volk.

Hinrichtung der sieben Bauernführer der Basler Landschaft am 24. Juli 1653 vor dem Steinentor in Basel

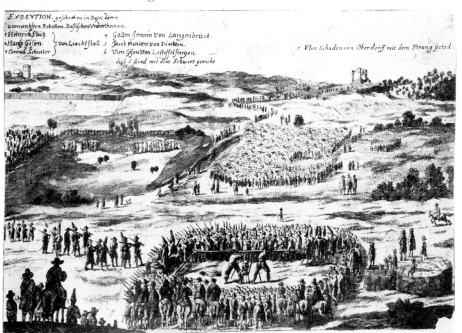

Wettstein erhielt Vollmacht, mit den Landschäftlern zu verhandeln. Nach langwierigen Gesprächen war er bereit, das Soldatengeld aufzuheben. Die anderen Forderungen hingegen schlug er rundweg ab. Doch die Bauern gaben nicht auf und schlossen einen eigenen Bund. Da stellte sie der Bürgermeister vor die Autoritätsfrage: entweder sie leisteten der Obrigkeit Gehorsam oder sie wurden als Rebellen betrachtet. Und nachdem die Hauptschlacht im Mittelland, übrigens ohne Zutun der Basler, für die Bauern verloren ging, griff er mit aller Schärfe durch. Er liess im Baselbiet alle Rädelsführer verhaften und, gestützt durch ein Gutachten der Theologen, als Revolutionäre zu schweren Strafen, sieben von ihnen sogar zum Tode verurteilen. Die kleine städtische Oberschicht hatte über ihre Untertanen gesiegt, durch ihre brutale Härte aber einen Riss im Staatsgefüge hinterlassen, der sich nur mühsam wieder schliessen liess.

Wettstein – der Schweizerkönig

Während des Dreissigjährigen Krieges drohte auch in der konfessionell gespaltenen Schweiz einige Male der Bürgerkrieg auszubrechen. Ungeschminkt nahmen Katholiken und Reformierte für ihre Glaubensbrüder Partei und verfolgten gespannt den Wechsel von Sieg und Niederlage auf dem europäischen Schlachtfeld. Nach allen Seiten hin waren die Eidgenossen durch Soldverträge verstrickt, und auf eigene Verantwortung zogen oft Tausende von Schweizern den kaiserlichen oder schwedischen Truppen zu. Ausserdem erschien die Schweiz den beiden Kriegsparteien gleich begehrenswert als Besitzerin der wichtigen Alpenpässe. Näherten sich fremde Truppen der Landesgrenze, fürchteten die Eidgenossen stets das Schlimmste. Sie mussten einsehen, dass ihr eigenes Militärwesen dem ausländischen nachstand und dass die Befestigungsanlagen der Städte und die Bewaffnung der Truppen sehr veraltet waren.

Jeder Kanton hatte seine Grenze selbst zu schützen. Die Eidgenossenschaft versagte in dieser Beziehung. Als Grenzstadt in unmittelbarer Nähe des Kriegstreibens sah sich Basel besonders gefährdet. Tätige Hilfe liess sich von Seiten der Bundesgenossen durchaus nicht immer und auch nur langsam erwarten. Der Bruch der Neutralität durch eine eidgenössische Glaubenspartei hätte zum Bürgerkrieg geführt und die Stadt noch mehr gefährdet. Verhandeln nach aussen und geduldiges Ausgleichen innerhalb der Eidgenossenschaft war deshalb für Basel stets geboten. Die Richtung dieser baslerischen Politik entsprach gleichzeitig auch der bundesrechtlich vorgeschriebenen Pflicht gegenüber den andern Orten. Nach dem Bundesbrief sollte Basel bei Streitigkeiten unter den Eidgenossen "stillesitzen" und sich bemühen, zu vermitteln und den Streit beizulegen. Staatsräson stimmte hier mit der Bundespflicht vollkommen überein.

In diese politische Aufgabe wuchs Johann Rudolf Wettstein von Jahr zu Jahr hinein. Wie kaum ein anderer Staatsmann erkannte er die gefährlichen Tendenzen inn- und ausserhalb der Schweiz und versuchte, ihnen im Rahmen seiner Möglichkeiten zu begegnen. Unermüdlich kämpfte er für den konfessionellen Ausgleich, verhandelte um ein eidgenössisches Defensionswerk und bemühte sich um eine gemeinsame Aussenpolitik. Im Jahr 1630 schickte ihn die Basler Regierung zum ersten Mal an eine Tagsatzung. In der Folge hat er bis zu seinem Tode selten auf einer eidgenössischen oder evangelischen Tagsatzung gefehlt.

Als zwischen Zürich und den fünf katholischen Orten ein Streit um kirchenrechtliche Ansprüche im Thurgau ausbrach, half Wettstein tatkräftig mit, den Konflikt zu bereinigen. Stärker trat er in Erscheinung, als der schwedische König Gustav Adolf der Eidgenossenschaft ein Bündnis vorschlug. Die Tagsatzung lehnte zwar dankend ab, doch Bern und Zürich neigten zu einem Sonderbündnis. Nur intensives Abraten der Gesandten von Basel und Schaffhausen konnte sie letztlich davon abhalten; nicht zuletzt auch, weil der schwedische König mit seinen Drohungen die Reformierten aus ihrer Schwärmerei aufscheuchte. Der diplomatischen Fähigkeit Wettsteins blieb es vorbehalten, das heikle Antwortschreiben abzufassen, das die grundsätzliche Neutralität der Schweiz gegenüber allen kriegsführenden Mächten zu erklären hatte.

Ein tragischer Zusammenstoss zwischen Berner Hilfstruppen und der solothurnischen Wachmannschaft in der Klus drohte ebenfalls zu einem blutigen Krieg auszuarten. Wettstein musste wiederum mithelfen, die aufgebrachten Berner zu besänftigen, und die misstrauischen Parteien zu einem friedlichen Vergleich zu bewegen. Als der schwedische General Horn thurgauisches Gebiet verletzte, empörten sich die Katholiken. Sie warfen Zürich vor, die Neutralität zu brechen, und nahmen den verantwortlichen Landeswachtmeister Kesselring gefangen. Schon planten die Reformierten einen gemeinsamen Kriegszug mit den Schweden, da setzte sich wieder Basel vehement ein und vermittelte. Wettstein bemühte sich persönlich um die Freilassung des unschuldigen Kesselring.

Anfänglich dachte auch Wettstein in politischen Fragen streng kirchlich. Doch nach dem Ende des grossen Krieges wandte er sich vom Konfessionalismus immer stärker ab. Er hatte erkannt, dass die europäischen Mächte die Glaubensfrage zum Erreichen ihrer Machtpolitik missbrauchten. Künftig versuchte er noch intensiver, die Eidgenossen über die Fronten hinweg zu einigen und eine gemeinsame Aussenpolitik zu

Reisekärtchen von Basel nach Wien, dem Bürgermeister Johann Rudolf Wettstein für seine Reise zu Kaiser Ferdinand III. vom Basler Maler und Kartographen Jakob Meyer gezeichnet. Historisches Museum Basel

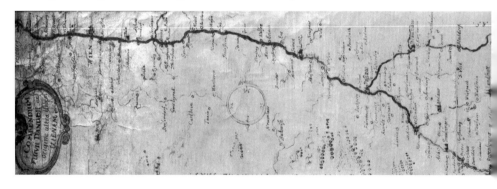

erarbeiten, um dem machtpolitischen Hunger Frankreichs wirksam begegnen zu können. An diesem Ziel arbeitete er mit dem katholischen Urner Politiker Zwyer eng zusammen. So eindringlich er aber auch den Parteien ins Gewissen redete und nach beiden Seiten zu Mässigung und Versöhnung aufrief, vermochte er 1656 den Ausbruch des Bürgerkrieges doch nicht zu verhindern. Nach der Schlacht von Villmergen brachte er immerhin die verfeindeten Gegner wieder an den Verhandlungstisch. Er selbst leitete die Sitzungen und ruhte nicht, bis ein tragbarer Vergleich ausgehandelt war.

Die überlegene Art, wie sich Wettstein für die höheren Interessen der ganzen Eidgenossenschaft einsetzte, sein Blick für das Wesentliche, sein angeborener politischer Instinkt und seine unerschöpfliche Arbeitskraft zeigten ihn als aussergewöhnlichen Staatsmann und anerkannten Schiedsrichter. Im Ausland wurde er daher auch als der "Schweizerkönig" bezeichnet.

Wer heute den Namen Wettstein hört, denkt aber weniger an seine baslerischen Taten oder an seine Vermittlertätigkeiten innerhalb der Eidgenossenschaft als an sein diplomatisches Meisterstück, die endgültige Lostrennung vom Deutschen Reich. Als 1645 eine allgemeine Kriegsermüdung eintrat, begannen die europäischen Mächte, Friedensverhandlungen aufzunehmen. Die reformierten Eidgenossen erkannten bald, welchen Vorteil die Teilnahme der Schweiz an der Friedenskonferenz bringen würde. Basel und Schaffhausen verfolgten noch weitere Absichten. Bei Rechtshändel mit Fremden

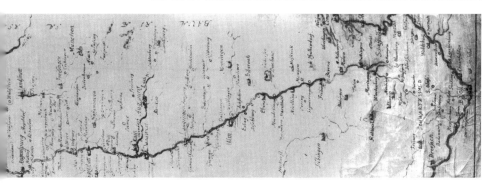

wurden ihre Kaufleute immer wieder vor das deutsche Reichskammergericht zitiert und ihre Ware in Deutschland konfisziert. Dieser Missstand sollte endgültig bereinigt werden. Aus diesem Grunde beschloss der Basler Rat, sich an der Friedenskonferenz vertreten zu lassen, und ersuchte die übrigen Eidgenossen um Unterstützung. Vor allem Wettstein setzte sich für eine schweizerische Deputation ein. Er ritt von Stadt

zu Stadt und warb für die Verwirklichung seiner Idee. Doch nur die evangelischen Orte stimmten seinem Plan zu. Die Katholiken fanden eine solche Mission überflüssig und zu kostspielig.

Besuch des schwedischen Gesandten Adler Salvius bei Wettstein in dessen Wohnung in Osnabrück. Historisierende Darstellung in: Basler Neujahrsblatt 1849

Beinahe ein Jahr lang verweilte Wettstein in Begleitung seines Dieners und zweier Helfer in Münster und Osnabrück, den beiden Kongressstädten. Die Knausrigkeit der Eidgenossen zwang ihn zu sehr bescheidenem Auftreten, welches markant gegen den prunkenden Aufwand der übrigen Gesandten abstach. In seinem berühmten Tagebuch erzählt er genüsslich, wie ihn eines Tages der schwedische Bevollmächtigte in seiner armseligen Herberge besuchte, und er dem vornehmen Gast nur einen beschädigten Stuhl mit nur einer Armlehne anbieten konnte. "Ich bin übereilt worden, hätte sonst die andere zur Erhaltung der schweizerischen Reputation auch weggebrochen", fügte er ironisch hinzu. Trotzdem verstand er es meisterhaft, sich von Anfang an mit überlegener und gewandter Art im Getriebe der grossen Welt zu bewegen. Den Franzosen gegenüber vermochte er eine selbständige Stellung zu bewahren, ohne ihre Freundschaft zu verlieren. Und mit dem psychologischen Geschick des geborenen Diplomaten wusste er die Gunst der Kaiserlichen zu gewinnen und auch die anfangs abweisenden Schweden umzustimmen. Durch sein schlichtes und sicheres Auftreten und seine ausgewiesene Geschäftskenntnis verstand er es, die einflussreichsten Persönlichkeiten für die eidgenössische Sache einzunehmen.

Nautilusbecher,
Ehrengeschenk von
Basler Kaufleuten an
Wettstein.
Historisches Museum
Basel

Wettstein besass nur eine Beglaubigung von Basel und den übrigen reformierten Orten. Seinem Auftrag gemäss sollte jedoch die gesamte Eidgenossenschaft von dem unerwünschten Zugriff des Reichskammergerichts befreit und in den Friedensvertrag aufgenommen werden. Es ist Wettsteins persönlicher Verdienst, dass er trotz aller Unzulänglichkeiten etwas erreichte, das für die ganze Schweiz von grundsätzlicher Bedeutung werden sollte. Er begnügte sich nicht damit, die alten Freiheiten bestätigen zu lassen, sondern forderte, unterstützt von den Franzosen, die Anerkennung der vollständigen Unabhängigkeit. Und er erreichte, dass im Westfälischen Friedensvertrag von 1648 ein entsprechender Artikel eingefügt wurde, in dem es hiess, dass Basel und die übrigen Orte der Eidgenossenschaft in "Besitz und Gewähr völliger Freyheit und Exemtion vom Reiche" und dessen Gerichten nicht mehr unterworfen seien. Dadurch war die formelle Ablösung vom Reich offiziell ausgesprochen. Der Kaiser durfte die Schweizer nun nicht mehr als "liebe und getreue Eidgenossen" anreden, in Zukunft hatte er sie als "besonders liebe Eidgenossen" zu titulieren. Darin zeigte sich nach Auffassung der Zeitgenossen die Anerkennung der vollen Souveränität.

Der Friedensabschluss wurde auch in der Schweiz mit grosser Freude begrüsst. Basel feierte das Ereignis mit einem besinnlichen Fasttag und einer Gedenkmünze. Die Kaufleute beehrten ihn mit einem prunkvollen Geschenk, dem Nautilusbecher. Aber erst nach langem Hin und Her konnten sich die Ratsherren dazu entschliessen, ihren Bürgermeister auch finanziell zu entschädigen. Auf seinen Wunsch traten sie ihm

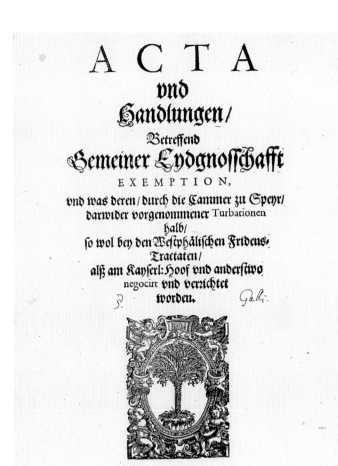

ACTA
vnd
Handlungen/
Betreffend
Gemeiner Eydgnoſſchafft
EXEMPTION,
vnd was deren / durch die Cammer zu Speyr/
darwider vorgenommener Turbationen
halb/
ſo wol bey den Weſtphäliſchen Fridens-
Tractaten/
alß am Kayſerl: Hoof vnd anderſtwo
negocirt vnd verrichtet
worden.

Getruckt im Jahr 1651.

Druckschrift, die Wettstein 1651 zur Rechtfertigung seiner diplomatischen Tätigkeit in Münster und Osnabrück veröffentlichen liess.
Im Bild die Titelseite jenes Exemplares, das der Theologe Johann Rudolf Wettstein, Sohn des Bürgermeisters, seinem Freund Hermann Finsterling, Stadtpfarrer in St. Gallen, mit einer persönlichen Widmung zukommen liess: "Reverendo praestantissimo V. Dno. M. Hermanno Finsterlingo, Ecclesie ad S. Gallum M. fidelissimo Dno. confrati et amico sonoralissimo D. D. Joh. Rod. Wetstein F."
Gemeinde Riehen

– für die Summe von 2000 Gulden – die Wettinger Gefälle in Riehen ab, damit er für seine "übergrosse Müeh, Arbeit und Sorgfalt" und den erlittenen Schaden auch etwas zu "eigener Ergötzlichkeit gewinnen" solle. Noch mehr Zeit und grosse Anstrengungen kostete es aber, die politische und juristische Bedeutung der Reichsunabhängigkeit den Zeitgenossen verständlich zu machen und den Anspruch in die Praxis umzusetzen. Und es sollte noch Generationen dauern, bis die Leistung Wettsteins voll anerkannt und ihm der gebührende Platz in der Schweizergeschichte zugewiesen wurde.

Lukrezia Seiler

Wettsteinhaus und Lüscherhaus – ein Bauensemble aus dem 17. Jahrhundert im Dorfkern von Riehen. Heute Sitz des Spielzeugmuseums und des Dorf- und Rebbaumuseums Riehen

Als Johann Rudolf Wettstein von 1626 bis 1635 Landvogt in Riehen war, lernte er das Bauerndorf mit seinen Sorgen und Nöten, aber auch mit seiner milden und fruchtbaren Lage kennen und schätzen. Es lag daher nahe, dass er sich im Laufe der Jahre verschiedene Parzellen im Riehener Bann erwarb, vor allem Rebgüter, war doch der Riehener Wein bekannt und beliebt. Um 1640 kaufte er sich mitten im Dorf, an der Ecke Baselstrasse/Kilchgässli, einen Bauernhof, dessen Umschwung bis zum Immenbächlein reichte. Es handelte sich um ein einfaches Steinhaus, das keine herrschaftlichen Züge aufwies, das aber von Wettstein vermutlich

vergrössert wurde und ihm für die Bewirtschaftung seiner Riehener Güter gute Dienste leistete. Reste dieses Bauernhofes, der 1503 erstmals erwähnt, vermutlich aber bedeutend älter ist, finden sich heute noch im Wettsteinhaus.

Blick vom Innenhof auf das Hinterhaus

Zehn Jahre später, nachdem Wettstein als hochgeachteter Mann vom Westfälischen Friedenskongress zurückgekehrt war, begann er, seinen Riehener Sitz zu einem repräsentativen Landgut auszubauen. Er verschönerte das bestehende Haus, baute das Hinterhaus mit Festsaal und tiefem Rebkeller und verband die beiden Gebäude mit einer überdachten Laube. Zusammen mit dem benachbarten, zinnenbekrönten Landgut, dem Lüscherhaus, entstand so ein Ensemble von grosser Harmonie - eine Harmonie, die auch den heutigen Betrachter beeindruckt, der im Hof des Wettsteinhauses die Gebäude mit ihren Treppentürmen und dem schönen Riegelwerk auf sich wirken lässt.

Wettstein stattete seinen Riehener Landsitz aufs prächtigste aus: Bemalte Decken und Wände, vertäferte Kammern, kunstvolle Tür- und Fensterbeschläge und schöne Öfen schmückten das Haus. Da im Laufe der Jahrhunderte nur geringfügige Änderungen vorgenommen wurden, geht die heutige Form des Hauses, seine Einteilung und Ausstattung auf diesen grossen Umbau von 1651/52 zurück. Das Wettsteinhaus stellt damit das geschlossenste und bedeutendste, an Ort und Stelle erhaltene Ensemble baslerischer Wohnkultur aus der Mitte des 17. Jahrhunderts dar.

Ein Rundgang durch das Haus, das 1958 von der Gemeinde Riehen erworben wurde und heute das Spielzeugmuseum sowie das Dorf- und Rebbaumuseum Riehen beherbergt, lässt den Besucher auf Schritt und Tritt neue, reizvolle Details entdecken. Die Eingangstüre des Haupthauses ist mit sechs geschnitzten Rosetten geschmückt; diese sind nach spätgotischer Manier als Hagrosen gebildet, ein Motiv, das sich als Basler Haustürenschmuck bis in den Spätbarock grosser Beliebtheit erfreute. Im Erdgeschoss des Haupthauses findet sich im ersten Raum gegen die Strasse ein kräftiger hölzerner Unterzugspfosten mit Sandsteinsockel, der wohl noch aus dem älteren Bauernhaus stammen dürfte. Der von der Eingangshalle her erreichbare Keller ist der älteste Teil der ganzen Anlage und reicht ins 15. Jahrhundert oder noch weiter zurück.

Im ersten Stock des Vorderhauses entfaltet sich die ganze Pracht des Umbaus aus den Jahren 1651/52. Wettstein stattete die Räume seines Riehener Sitzes mit ganz verschiedenen Schmuckelementen aus: Während zwei Kammern mit Holztäfer und hölzernen Felderdecken versehen wurden, blieben die andern Räume unverschalt. Hier wurden die Balken und Bretter der Zimmerdecken sowie auch das Riegelwerk der Wände bemalt – oft in dunkeln Ochsenbluttönen – und die weissen Putzfelder mit etwas hellerer Farbe eingerahmt. Besonders schön ist der kleine Saal auf der Hofseite ausgeschmückt: Seine Wände sind mit scheinarchitektonischen Elementen, Figuren, Ranken und Früchten bemalt, und die Decke erinnert mit ihren duftigen Ovalen und Kreisen in den Farben blau, korallenrot und grün an die

Strukturen seltenen Buntmarmors. Dieser Raum ist von Wettstein – neben dem Festsaal im Hinterhaus – wohl zu Repräsentationszwecken verwendet worden.

Neben den Malereien sind auch andere Ausstattungselemente bemerkenswert. So finden sich im Wettsteinhaus vier früh-barocke Öfen aus der Mitte des 17. Jahrhunderts. Ihre schwarzgrünen Kacheln sind mit Ranken, Blumenmotiven und Vögeln geschmückt; einer der Öfen weist reliefartige, grünglasierte Kacheln mit kleinen Vögeln und Köpfen auf. Die Türen sind mit kunstvoll ziselierten Beschlägen und Schlössern versehen, welche prachtvollstes Schlosser-kunsthandwerk aus der Mitte des 17. Jahrhunderts zeigen. Originell ist auch die Bemalung der Türen: Obwohl sie nur aus schlichtem Tannenholz gefertigt sind, spiegelt eine inter-essante Imitationsmalerei kostbare gemaserte Furniere und illusionistische Plastizität vor.

Oben: Decken- und Wandma-lereien schmücken die Innenräume

Unten: Ausschnitt aus einer Türe mit Imitations-malerei und kunstvoll ziseliertem Schloss

Wettsteins treuer Diener Hans Jäcklin, genannt "Giggishans". Portrait eines unbekannten Malers im Hinterhaus

Frühbarocker Ofen aus dem ersten Stock des Vorderhauses

Im langen, schmalen Hinterhaus, das eine besonders schöne Riegelkonstruktion aufweist, wird der grösste Teil des ersten Stockes von einem luftigen Festsaal eingenommen. Bei der sorgfältigen Restaurierung der Gebäude von 1967 bis 1970 tauchten unter Tapeten und Gipsdecke eine farbenfroh bemalte Decke und bemalte Wände auf – Dekorationen, die genau den Malereien im Vorderhaus entsprechen. Da der Bau des Hinterhauses an verschiedenen Stellen auf 1651/52 belegt ist, können auch die Dekorationen des Vorderhauses auf diese Jahre datiert werden.

Anschliessend an den Festsaal liegt ein vertäferter Raum, der am Türsturz die Jahreszahl 1652 trägt, das sogenannte Giggishans-Zimmer. Hans Jäcklin (1598 bis nach 1663), genannt Giggishans, war Johann Rudolf Wettsteins getreuer Diener, der ihn auch zu den langwierigen Friedensverhandlungen nach Münster, Westfalen, begleitete. Er war bekannt für seine Liebe zum Wein, aber auch für häufiges Klagen. Sein Porträt in der Ofenecke, das Werk eines unbekannten Malers, stellt Wettsteins Faktotum vornehm gekleidet und reich versehen mit Speis und Trank dar und fügt die spöttische Unterschrift bei: "O wie bin ich ein ubelzeitger Mann. Hanns Jäckhlin von Basel, genanth Giggis hanss, 1654."

Der Riehener Landsitz diente Bürgermeister Wettstein nicht nur als Repräsentationsbau und Aufenthalt für die heissen Sommermonate, sondern auch als Rebgut für seine ausgedehnten Riehener Ländereien. Deshalb liess er unter dem Hinterhaus einen grossen, fünf Meter tiefen Weinkeller erstellen. Das darüber liegende Erdgeschoss diente als Ökonomiegebäude; die steile, heute noch vorhandene Blocktreppe, über welche die Fässer mittels einer Seilwinde in die Tiefe gelassen wurden, konnte hier über eine Falltüre betreten werden. Heute beherbergt der Rebkeller das Rebbaumuseum Riehen; er beeindruckt durch seine Ausmasse und durch die mächtigen Quadersteine der Wände.

Der fünf Meter tiefe Rebkeller beherbergt heute das Rebbaumuseum Riehen

Blick durch das Gittertor in den Innenhof

Wettsteins Nachkommen, in deren Händen das Haus bis 1958 fast ohne Ausnahme blieb, bauten den Landsitz weiter aus: 1794 wurde das Kabinettli als Hofabschluss gegen die Baselstrasse erbaut, und um dieselbe Zeit wurde wohl auch das prächtige Gittertor, das um 1730 entstanden ist, an seinen heutigen Standort gesetzt; der grosse Hofbrunnen, der einen älteren ersetzte, entstand 1892. Der Garten hinter dem Wettsteinhaus, der sich bis zum früheren Lauf des Immenbächleins ausdehnt, zeigt im ersten, hausnahen Teil noch Anklänge an die einstige symmetrische Gestaltung im französischen Stil; hier steht ein Grabmal für Leonhard Heusler-Mitz, 1807 "Dem Andenken des besten Gatten gewidmet", des Bildhauers Anton M. Christen (1769-1838). Der zweite Teil wurde wohl vor der Jahrhundertwende in einen englischen Garten mit mächtigen Bäumen umgestaltet; er schliesst mit einem als Grotte gestalteten, erhöhten Sitzplatz gegen die heutige Wettsteinanlage ab.

Im Jahre 1662 kaufte Johann Rudolf Wettstein zur Abrundung seines Riehener Besitzes das benachbarte Landgut mit dem schon um 1570 errichteten, zinnenbekrönten Herrschaftshaus. Mit grossem finanziellem Aufwand baute er es aus, fügte den Treppenturm an und liess das Innere neu dekorieren. Die in Grün gehaltenen Rankenmalereien, wel-

Das Lüscherhaus, erbaut 1570, wurde um 1662 von Johann Rudolf Wettstein ausgebaut.

Grosse Eingangshalle des Lüscherhauses mit Wand- und Deckenmalereien

che Wände und Decken schmücken, sind typisch für die zweite Hälfte des 17. Jahrhunderts. Das Haus enthält zwei barocke Öfen und eine Felderdecke mit Triglyphenfries aus Wettsteins Zeit, sowie ein zweites Giggishans-Bild an der Türe zum Kellerabgang.

Auch dieses Haus blieb nach Johann Rudolf Wettsteins Tod (1666) bis zum Jahre 1828 im Besitz seiner Nachkommen. Einer der letzten privaten Besitzer war der bekannte Kunstmaler Jean Jacques Lüscher (1884-1955); nach ihm wird es heute "Lüscherhaus" genannt, es ist aber auch unter dem Namen "Neues Wettsteinhaus" bekannt. 1963 erwarb die Gemeinde Riehen das Lüscherhaus und unterwarf es von 1971 bis 1977 einer sorgfältigen Renovation.

Die beiden Wettsteinhäuser prägen auch heute noch das Dorfzentrum von Riehen; sie bleiben mit der Erinnerung an einen der bedeutendsten Bewohner der Gemeinde untrennbar verbunden.

Michael Raith

Bürgermeister Johann Rudolf Wettstein ist zu Lebzeiten zumindest in Basel populär und geehrt gewesen. Später kopierte man sein Portrait und erwähnte ihn in den damals seltenen schweizergeschichtlichen Werken. Deutsche Lexika hingegen kennen seinen Namen meistens noch heute nicht. Selbst in der Eidgenossenschaft ausserhalb Basels – zumal in der katholischen und in der welschen – dürften er und sein Werk den meisten fremd sein. Die Formulierung "in Basel weltberühmt" wurde zwar nicht auf ihn gemünzt, trifft aber auch hier zu. Es scheint, als habe man den alten Vorwurf, die Basler seien schlechte Schweizer, mit Wettstein parieren wollen. Oder dasselbe umgekehrt: Eine Ende des 19. Jahrhunderts in Zürich erschienene Schilderung helvetischer Vergangenheit lässt den Helden in Russikon geboren sein, wohl getreu dem Motto, dass doch aus Basel nichts Gutes kommen könne ...

Die Wettstein-Verehrung setzte im Zeichen der pädagogisch motivierten Heroisierung geschichtlicher Vorbilder durch die Aufklärung ein. Eine erste Biographie erschien 1790 und eine zweite 1803. Säkularfeiern des Westfälischen Friedens (1848 und 1948) und der Geburt Johann Rudolf Wettsteins (1894 und 1994), seines Todes (1966), aber auch historische Zäsuren wie die Kantonstrennung (1833), die Gründung (1871) und der Untergang (1918) des zweiten deutschen Kaiserreiches sowie innenpolitische Prozesse beflügelten Geschichtskundige, Zeitungsschreiber und Schauspieldichter. Trotzdem kommt die Wettsteinliteratur, sieht man von Zeitungsartikeln ab, über wenige Dutzend Titel nicht hinaus. Zudem muss die Frage offen bleiben, ob und inwieweit die Entwicklung des Wettsteinbildes in Forschung und Fachliteratur die öffentliche Meinung – und um diese geht es hier in erster Linie – beeinflusst hat. Im gegebenen Zusammenhang nicht von Belang sind im Privat- oder Museumsbesitz befindliche Erinnerungsstücke des grossen Bürgermeisters.

Es bleibt jedenfalls Tatsache, dass das Andenken Wettsteins sogar in Basel rund 125 Jahre lang nicht sonderlich gepflegt wurde, vielleicht wirkte "ein Widerstreben gegen lang empfundene überlegene Autorität" nach. Eine leibhaftige Erinnerung an den grossen Bürgermeister weckten aber seine zahlreichen Nachkommen und unter diesen begreiflicherweise vor allem die Träger seines Familiennamens. Das "Historisch-Biographische[s] Lexikon der Schweiz" (1934) hielt 14 Wettstein-Deszendenten für erwähnenswert. Eine genaue Untersuchung ergab vier Professoren, neun Pfarrer und zehn Ratsherren, darunter Johann Friedrich Wettstein (1632-1691), wie der Vater Obervogt zu Riehen, und dessen Sohn Johann Rudolf Wettstein (1658-1734), wie der Grossvater Bürgermeister zu Basel. Unter den Wissenschaftlern ragen der Gräzist Johann Rudolf Wettstein (1647-1711) und Johann Jakob Wettstein (1693-1754) hervor. Letzterer dürfte als Mitbegründer der neutestamentlichen Textkritik der berühmteste seines Stammes sein. In Basel trugen ihm aber seine Forschungen den Ruf der Heterodoxie und den Verlust seines kirchlichen Amtes ein. Er zog wie manche seiner Verwandten – wenn auch aus anderen Gründen – in die Niederlande und starb als Professor in Amsterdam.

Manche Nachkommen fanden sich in juristischen und kaufmännischen Berufen; Johann Friedrich Wettstein (1659-1744) wurde, eher eine Ausnahme, Künstler und malte Portraits. Die Sippe Wettstein bildete durch viele Heiraten einen integrierten Bestandteil der Basler Oberschicht. Eine grosse Zahl von Angehörigen und Abkömmlingen des "Daigs" stammt darum vom "Schweizerkönig" Johann Rudolf Wettstein ab. Nicht allen gelang aber eine bemerkenswerte Karriere. So brachten es Johann Rudolf Wettstein (1700-1755) und sein Sohn Johann Jakob Wettstein (1725-1777) nur bis zum "Wegeliknecht" im Kaufhaus. Der offizielle Stammbaum unterschlägt sogar einen durch den Rebmann Hieronymus Wettstein (1689-1760), Sohn des Kunstmalers, begründeten und durch den Schuster Ernst Rudolf Wettstein (1803-1823) beendeten unvornehmen Zweig. Mehr Aufhebens machte man mit den aus der Familie hervorgegangenen hohen Offizieren: ihr letzter, der 1795 geborene Kaufmann Dietrich Wettstein, fiel als Hauptmann einer Jägerkompanie am 3. August 1833 in der Schlacht bei der Hülftenschanz. Johann Heinrich Wettstein (1758-1798), Sohn des jüngeren "Wegeliknechts", brachte es zwar nur zum Unteroffizier, doch lebten seine Nachkommen länger. Mit seinem Enkel, dem Apotheker Karl Wettstein (1830-1855), erlosch das Geschlecht im Mannesstamm, und mit dessen Schwester Marie Wettstein (1828-1908), die den in württembergischen Militärdiensten stehenden Freiherren Adolf von Molsberg aus rheinischem Adel geheiratet hatte, die Gesamtfamilie.

Wettstein und Riehen

Dieses vielbehandelte Thema soll nicht ein weiteres Mal dargestellt, aber in einigen speziellen Nuancen etwas ausgeleuchtet werden. Im Taufbuch der Kirchgemeinde Riehen-Bettingen erscheinen Johann Rudolf Wettstein fünfmal und seine Frau Anna Maria geborene Falkner (1589-1647) ebenso oft als Taufpaten. Dies entsprach altem Brauch, erwartete man doch vom Obervogt und seiner Gemahlin einen rechten Göttibatzen. Der damalige Ortspfarrer Johannes Müller (1561-1631) gefiel sich in barocken Titulaturen: "der Ehrenvest und fürnemme H. Johann Rudolph Wetzstein, des Raths und Obervogt allhie" und "die tugendsamme Frauw Maria Falcknerin ... unseres Landvogts Eheliche Haussfrauw" wurden eingetragen. Der Zeitraum umfasst die Jahre 1626 bis 1634. Was waren das für Kinder, denen das Ehepaar Wettstein Pate stand? Ein erster Eindruck geht in Richtung dörfliche Oberschicht. Dann aber erfahren wir von einem Vater eines Gottenkindes aus Bettingen "der weiss nit wie sein Frauw heist" (7. August 1633) und von einem anderen "ist vor disem Gott ergäben" [= ist vor der Taufe gestorben] (11. April 1631). Die Riehener Patenschaften der Eheleute Wettstein sind zwar relativ gesehen nicht besonders häufig. Sie haben aber zur Folge, dass fast alle Altriehener von Götti- oder Gottekindern des Bürgermeisterpaares abstammen.

Später findet sich der Name Wettstein in den Registern seltener. Sonderbar ist ein Eintrag vom 24. Mai 1765: Da musste der Pfarrer von Riehen einen Rudolf Emanuel Wettstein (später Oberstleutnant, † 1835, Vater des 1833 gefallenen Dietrich) in Weil im Haus taufen. Der Vater des Täuflings hatte eine Cousine geheiratet, was verboten war und ihm die Wegweisung aus seiner Vaterstadt Basel zuzog, worauf er in Weil und Grenzach wohnte. Er bestand aber darauf, dass sein Sohn reformiert und nicht lutherisch getauft wurde.

In Riehen lebten Wettsteinnachkommen als Basler Landgüterbesitzer. Das eigentliche Wettsteinhaus (Baselstrasse 34) blieb bis 1957 und das neue Wettstein- oder Lüscherhaus (Baselstrasse 30) wenigstens bis 1828 in Händen von Erben. Da diese Liegenschaften aber über Töchter weitergegeben wurden, trugen sie nicht mehr den Namen Wettstein, sondern den ihrer jeweiligen Besitzer. Die Erinnerung an den grossen Bürgermeister erhielt sich allerdings. Vermutlich bürgerte sich der Name "Wettsteinhaus" aber erst als Folge des Jubiläums von 1922/3 (Riehen 400 Jahre bei Basel) ein. Bis 1800 verband sich der Name Wettstein auch mit dem Klösterli (Kirchstrasse 8). Letzte namenstragende Besitzerin war Anna Margaretha Merian-Wettstein (1714-1801), eine Schwester des Neutestamentlers Johann Jakob.

Die moderne Verehrung Wettsteins in Riehen wuchs als Trieb der im letzten Viertel des 19. Jahrhunderts verstärkt einsetzenden Verehrung Wettsteins in Basel. Bis vor kurzem wohnten in Riehen aber auch ganz andere Leute mit Namen Wettstein. Im neusten "Brockhaus" (1994) sind sechs Zeilen – ebenso viele wie über den grossen Bürgermeister (der Neutestamentler bringt es auf zwölf) – dem bedeuteten Chemiker Albert Wettstein (1907-1974) gewidmet, der, als Bürger von Weiningen TG in Frauenfeld geboren, in Riehen lebte und starb. Wohlbekannt im Dorf war seinerzeit die seit 1925 in Riehen wohnende Zeitungsfrau Marie Wettstein-Walliser (1891-1975). Die Familie Wettstein ist 1331 erstmals in Russikon ZH, wo des grossen Bürgermeisters 1966 mit einem Fest gedacht wurde, bezeugt und von dort verschiedentlich ausgewandert, so mit Johann Rudolfs Eltern 1579 nach Basel, aber auch in viele Gemeinden des Kantons Zürich, der Ost- und übrigen Schweiz sowie ins Ausland. Darum haben Leute mit dem Namen Wettstein, die wir heute in Basel und Riehen antreffen, wahrscheinlich mit der von Russikon ausgehenden Verbreitung dieser Sippe, aber nur indirekt mit der von Johann Rudolf Wettstein ausgehenden Nachkommenschaft im Mannesstamm zu tun.

Vom Epitaph zur Brücke

Epitaph des Bürgermeisters Johann Rudolf Wettstein im Kleinen Kreuzgang des Basler Münsters

Die Erinnerung an den "Schweizerkönig" hielt sein Epitaph auf dem Barfüsser Kirchhof (seit Beginn des 19. Jahrhunderts im Münsterkreuzgang) wach. Weit verbreitet waren Portraits Johann Rudolf Wettsteins, deren ältestes 1639 von Samuel Hofmann (1592-1649) gemalt wurde. Auf Anregung der Basler Burgenfreunde Basel erhielt die westfälische Friedensstadt Münster 1966 ein Konterfei des Bürgermeisters. Über die Genealogie der Wettsteindarstellungen ist eine eigene – leider unvollständige – Arbeit erschienen. Sie hält fest "sein Bild [wurde] begehrt und ähnlich volkstümlich wie im 16. Jahrhundert das der Reformatoren". Sicher bildet das Gesicht des Bürgermeisters noch heute die bekannteste Politikerphysiognomie Basels. Unter anderem gibt sie eine 1770 von Johann Ulrich Samson (1729-1806) geschaffene Münze wider. Von den vielen Künstlern, die sich mit Wettstein beschäftigten, seien nur noch Johann Senn (1780-1861), Ludwig Kelterborn (1811-1878), Albert Anker (1831-1910), Wilhelm Balmer (1865-1922) und Walter Eglin (1895-1966) genannt. Aber auch Geistesgrössen wie Karl Rudolf Hagenbach (1801-1874) und Andreas Heusler (1802-1868) setzten sich mit Wettstein auseinander. Die bis zum Erscheinen des Werks von Julia Gauss (1901-1985) und Alfred Stoecklin (*1907) im Jahre 1953 gültige Biographie schrieb der in Riehen als Inspektor der Landschulen bekannte Franz Fäh (1857-1907).

Vielleicht setzte die deutsche Reichsgründung von 1871 zusätzliche Akzente: War Wettstein bisher einfach ein Vater des Vaterlandes gewesen, so konnte er nun als Schöpfer der Exemtion von 1648 auch als Symbolfigur gegen die Machtansprüche des Bismarckschen Imperiums oder zumindest als Mann der Freiheit gegen konservativ-legitimistische Auffassungen – obwohl er solche 1653 hart gegen die Baselbieter Bauern durchgesetzt hatte – eingesetzt werden. Wie auch

*Gedenkmünze auf
Johann Rudolf Wettstein
aus dem Jahre 1770*

immer: am 10. Januar 1878 schlug Rudolf Falkner (1827-1898), freisinniger Vorsteher des Baudepartementes, dem Gesamtregierungsrat vor, eine neugeschaffene Verkehrsfläche im Kleinbasel Wettstein-Platz zu nennen, "zur Erinnerung an unsern berühmten Bürgermeister, der bei dem Westphälischen Frieden die Unabhängigkeit unseres Vaterlandes gewahrt hat und der in der Nähe dieses Platzes ein Landgut gehabt haben soll". Die damals mehrheitlich ebenfalls freisinnige Regierung beschloss am 22. Januar entsprechend. Das von Falkner erwähnte Landgut war das sogenannte Haus "zum Duttli" am seinerzeitigen Duttliweg 6 (heute Kreuzung Wettsteinallee/Peter Rot-Strasse), erbaut in der zweiten Hälfte des 17. Jahrhunderts. Zwar wohnte nicht der Bürgermeister, wohl aber sein Enkel Johannes Wettstein (1660-1731), Professor iuris, sicher 1698 darin. Es wurde 1932 abgebrochen. Das Argument stach also nicht, trotzdem verhalf es einem ganzen Stadtteil zu seinem Namen.

Die 1879 eingeweihte zweite Strassenverbindung über den Rhein trug ursprünglich den Namen Obere Rheinbrücke, dann, nach einem anderen Heros der Schweizergeschichte, Dufour-Strasse. Am 30. Juni 1881 erhielten die Wettstein-Strasse und am 2. Juli 1881 die Wettstein-Brücke ihre heutigen Namen. Es folgten das Wettstein-Schulhaus (1882), die Wettsteinallee (1915), eine Wettstein-Apotheke (1910), -Fasnachtsclique (1952), -Garage und -Galerie sowie Pläne für ein Pflegeheim (1984/5): diesen Namen stand aber wohl nicht mehr der Staatsmann, sondern eine Quartierbezeichnung Gevatter.

WETTSTEIN - BRUNNEN

Als es im Jahre 1891 darum ging, die fünfhundertjährige Verbindung zwischen Gross- und Kleinbasel zu feiern, tauchte im minderen Stadtteil die Idee auf, die Mitbürger jenseits des Rheins möchten dazu ein in der Nähe der Clarakirche zu errichtendes Denkmal stiften. Deswegen wurde eine Konkurrenz unter schweizerischen Künstlern eröffnet. Da den Grossbaslern das Monument aber nur knapp 5000 Franken wert war, obwohl von Kosten zwischen 25000 und 30000 Franken ausgegangen werden musste, scheiterte das Projekt.

*Der Wettsteinbrunnen
beim Wettsteinplatz
Basel*

Die Retourkutsche folgte: ein aus Kreisen des Kunstvereins
1896 gemachter Vorschlag, die vierhundertjährige Zugehö-
rigkeit des Standes Basel zur Eidgenossenschaft (1901) mit
dem Bau eines Wettstein-Brunnens auf dem Marktplatz ge-
bührend in Erinnerung zu rufen, wurde nach Zustimmung
des Grossen Rates in einer Volksabstimmung vom 4./5. Juni
1898 mit 2248 Nein gegen 1911 Ja verworfen. Nun erhielten also weder Klein- noch Grossbasel ein Denkmal.

Nördlich des Rheins gab man aber nicht auf. Ende 1893
wurde ein mit den vorhandenen 5000 Franken und weiteren

Mitteln gespiesener "Brunnenfonds" an den Zins gelegt, Ende 1954 belief sich dieses Kapital auf knapp 85000 Franken. Die Säkularfeier des Westfälischen Friedens von 1648 hatte die Idee des Wettstein-Brunnens neu belebt, sie fand in Regierungsrat Fritz Ebi (1889-1961), Einwohner und früherer Gemeinderat Riehens, einen Befürworter. Der Kunstkredit führte einen Wettbewerb durch. Aus ihm ging der Bildhauer Alexander Zschokke (1894-1981) als Sieger hervor. Sujet und Standort gaben zu reden. Der 1955 eingeweihte Brunnen stellt den Bürgermeister in seiner Amtstracht dar, er hält eine Schriftrolle in der Hand und an seiner Seite befindet sich sein Hund: Der damalige Denkmalpfleger Rudolf Riggenbach

(1882-1961) hatte dem Künstler erzählt, Wettstein sei Jäger gewesen. Die Inschrift lautet: "Zum Andenken an Bürgermeister Johann Rudolf Wettstein 1594-1666 und zur Erinnerung an die Vereinigung von Kleinbasel mit Grossbasel 1392".

Auch Riehen besitzt so etwas wie einen Wettstein-Brunnen. Der liebenswürdige Lokalpoet Eduard Wirz (1891-1970) hatte "Giggishans", dem bekannten Faktotum Wettsteins, ein literarisches Denkmal gesetzt (1954), was die bereits vorhandene Popularität des Dargestellten noch steigerte. Die Gemeinde gab bei der bewährten Künstlerin Rosa Bratteler (1886-1960) einen "Giggishans-Brunnen" in Auftrag. Auf einer Trommel von Kleinreliefdarstellungen aus dem Leben des bürgermeisterlichen Knechts erhebt sich dieser mit Weinkrug und -becher in den Händen. Der an der Einmündung der Schäferstrasse in den Wasserstelzenweg stehende Wasserspender wurde 1958 seiner Bestimmung übergeben.

Verschiedene Auswirkungen von Wettsteins Nachruhm

Obwohl in Riehen keine schon in Basel vergebenen Strassennamen verwendet werden dürfen, erhielt bereits 1904 eine Strasse der Landgemeinde Wettsteins Namen: Sie kann mit derjenigen in der Stadt kaum verwechselt werden, weil an jener keine Häuser stehen. Später wirbelte sie lokalpolitischen Staub auf und bildete 1949 Gegenstand einer Gemeindeabstimmung. Das erwähnte Jubiläum von 1922/3 rief das Andenken an ihn wach. Redaktor Albert Oeri (1875-1950)

Szenenbild aus dem Festspiel "Wettstein und Riehen" von Albert Oeri und Hermann Suter, aufgeführt in der Mustermesse Basel 1923

schrieb das mit grossem Erfolg als Laientheater aufgeführte und mit seiner an einem historischen Beispiel angebrachten Mahnung für die Gegenwart – im Kampf zwischen links und rechts das Einigende über das Trennende zu stellen – lange nachwirkende Festspiel "Wettstein und Riehen". Hermann Suter (1870-1926) komponierte die Musik, darunter den nachmals so bekannten und im Repertoire vieler Blasmusiken und Fasnachtscliquen fest verankerten Wettstein-Marsch. Die Originalnoten besitzt übrigens das Riehener Dorfmuseum.

Oben: Originalnoten des Wettsteinmarsches. Hermann Suter schrieb den Marsch aus dem Festspiel "Wettstein und Riehen" im Jahre 1925 für Pfeifen und Trommeln um.

Unten: Wettstein-Briefmarken aus dem Jahre 1948

Die Eidgenössische Postverwaltung brachte 1948 eine vom Grafiker Hermann Eidenbenz (*1902) gestaltete Briefmarken-serie "100 Jahre Bundesstaat" zur Ausgabe. Der über fünf-millionenmal gedruckte Wert zu fünf Rappen zeigt das be-kannte Gesicht Johann Rudolf Wettsteins. Im gleichen Jahr fand die "Imaba" (=Internationale Briefmarkenausstellung in Basel) statt. Dort wurde die gleiche Wettstein-Marke, aller-dings in anderen Farben sowie in den Werten von zehn und

*Gedenktafel am
Wettsteinhaus Riehen*

JOHANN RUDOLF WETTSTEIN
1594 — 1666
LANDVOGT ZU RIEHEN
1626 — 1635
BÜRGERMEISTER ZU BASEL
1645 — 1666

HEDWIG FREI

1967-1970 MIT HILFE DES BUNDES
RESTAURIERT UND UNTER DEN
SCHUTZ DER SCHWEIZERISCHEN
EIDGENOSSENSCHAFT GESTELLT

zwanzig Rappen, in einem Block verkauft. Es ist dies eines der ganz wenigen Beispiele der Darstellung eines Riehener Sujets auf einem Postwertzeichen.

Ebenfalls im Zusammenhang mit dem in den Nachwehen des Zweiten Weltkrieges besonders feierlich begangenen Gedächtnis an den 300 Jahre alt gewordenen Westfälischen Frieden gab die Gemeinde Riehen eine Wettstein-Gedenktafel in Auftrag. Sie wurde von Hedwig Frei (1905-1958) geschaffen, 1949 am Wettsteinhaus angebracht, zeigt des Bürgermeisters Portrait und trägt die Inschrift:

> Johann Rudolf Wettstein 1594-1666
> Landvogt zu Riehen 1626-1635
> Bürgermeister zu Basel 1645-1666

Das 1975 eingeweihte Hotel Hilton am Aeschengraben 31 in Basel besitzt einen Wettstein-Grill. Der hinter den Wettsteinhäusern in Riehen gelegene Park heisst seit 1977 "Wettsteinanlage". Der Rotary-Club Basel-Wettstein entstand 1986. Zu guter Letzt sei auf ein im Landgasthof Riehen erhältliches Wettstein-Menu hingewiesen sowie auf ein in heller und dunkler Schokolade durch den Basler Konditormeister Jakob Frey (1911-1983) geschaffenes – später durch den Riehener Konditormeister Christian Hagmann (1921-1985) und heute durch die Firma Bäckerei Konditorei Sutter vertriebenes – Portraitmedaillon des grossen Bürgermeisters. Die bewusst unvollständige Aufzählung von Erinnerungen an den "Schweizerkönig" ist damit keineswegs abgeschlossen. Ob alle diese Formen der Verehrung Wettsteins dem bedeutenden Staatsmann wirklich gerecht werden, bleibt zwar fraglich. Sicher aber ist, dass Johann Rudolf Wettstein das gute Andenken durch uns Heutige verdient.

BILDNACHWEIS

Peter Bolliger, Riehen	S. 11, 33, 34, 36 (oben), 39 (2), 40, 49, 53
Denkmalpflege Basel	S. 45 (Foto Erik Schmidt)
Dorf- und Rebbaumuseum Riehen	S. 52 (oben)
Gemeinde Riehen	Umschlagbild (Foto Teuwen)
Gemeindearchiv Riehen	S. 15 (Foto Höflinger), 30 (Kopie aus Basler Neujahrsblatt 1849), 32 (Foto Habegger), 36 (unten, Foto L. Bernauer), 39 (unten), 40, 49, 50, 51
Ruedi Habegger, Andreas F. Voegelin, Basel	S. 37 (2), 38
Historisches Museum Basel	S. 13 (Inv. Nr. 1910.2+4), 28+29 (Inv. Nr. 1902.78.681), 31 (Inv. Nr. 1917.18.13168), 46 (Inv. Nr. 1917.1716.4047), Foto M. Babey
Öffentliche Kunstsammlung Basel, Kunstmuseum	S. 23 (Inv. Nr. 1926, Foto Martin Bühler)
Staatsarchiv Basel-Stadt	S. 12 (Planarchiv G 1, 23), 17 (Zins und Zehnten 0 2, 3), 19 (Kirchenarchiv DD 34,1), 22 (Neg. Slg. F 198)
Universitäts-Bibliothek Basel	S. 25 (Kopie aus: Hans Mühlestein: Der grosse schweizerische Bauernkrieg, Zürich 1977. Nach einem zeitgenössischen Originalstich aus: Sigismondi Latomi Relationis Historiae Semestrialis Continuato ad annum 1653, Frankfurt a.M.)
Kurt Wyss	S. 48

LITERATURNACHWEIS

Edgar Bonjour	Johann Rudolf Wettstein. In: Grosse Schweizer. Neue Auflage, Stäfa 1990, S. 123-133.
Fritz Burckhardt	Johann Rudolf Wettstein's männliche Nachkommen in Basel. In: Basler Jahrbuch 1911, S. 60-87.
Helmi Gasser	Das Wettsteinhaus: eine alte Bauanlage und ihre Restaurierung. In: Riehener Jahrbuch 1972, S. 25-53.
Bernard Jaggi	Die Baugeschichte der Landvogtei Riehen. In: Riehener Jahrbuch 1990, S. 5-20.

Julia Gauss und Alfred Stoecklin	Bürgermeister Wettstein: der Mann, das Werk, die Zeit. Basel 1953.
Fritz Lehmann	Aus der Geschichte des Wettsteinhauses zu Riehen. In: Riehener Jahrbuch 1972, S. 7-25.
Fritz Lehmann	Johann Rudolf Wettsteins 'Neue Behausung' zu Riehen, das alte Meigelsche Landgut. In: Riehener Jahrbuch 1976, S. 26-56.
Christian Adolf Müller	Johann Rudolf Wettstein und Riehen. In: Basler Jahrbuch 1959, S. 13-27.
Michael Raith	Gemeindekunde Riehen. 2. Auflage. Basel, 1988.
René Teuteberg	Basler Geschichte. 2. Auflage. Basel, 1988.